IRISH PROVERBS

IRISH PROVERBS

COMPILED BY
LAURENCE FLANAGAN

Gill & Macmillan

FOR FERGAL TOBIN

Gill & Macmillan Ltd
Hume Avenue, Park West
Dublin 12
with associated companies throughout the world
www.gillmacmillan.ie

© *Laurence Flanagan 1995*
0 7171 3166 1

Illustrations by Fiona Fewer
Print origination by Carole Lynch, Dublin
Printed by The Guernsey Press, Guernsey

The paper used in this book is made from the wood pulp
of managed forests. For every tree felled, at least one tree is
planted, thereby renewing natural resources.

A catalogue record is available for this book
from the British Library.

1 3 5 4 2

CONTENTS

PREFACE

'Every civilised language possesses a large store of proverbs, the accumulated gatherings of the wit and homely wisdom of many generations. Numbers of these are identical, or nearly so, in all countries, seeming, as it were, to be citizens of the world.' This was said in 1858 by Robert MacAdam in his introduction to a collection of Ulster proverbs. The truth of it will be seen in the following pages. One of the inevitabilities of compiling lists of proverbs is that plagiarism is implicit in it — or rather, since several sources are used, 'research'. The practice of compiling lists of Irish proverbs has a long ancestry, going back to such ancient compilations as 'Tecosca Cormaic' [Teagasc Chormaic], ascribed to the mythical Cormac mac Airt. Since those early efforts many people have assiduously collected proverbs throughout the country, thereby preserving them for us and posterity.

The basis of the present selection is a list that appeared in *The College Irish Grammar* by Rev. Ulick Bourke, who was intent on producing a more definitive collection, which unfortunately never materialised. Items from this source are indicated by [B]. To this are added items from the MacAdam collection, indicated by [MA], items from a collection by Henry Morris, indicated by [M], and a collection compiled in the eighteenth century by

Micheál Ó Longáin, indicated by [OL]. A number of proverbs gleaned from Irish literature listed by T. F. O'Rahilly are added; these are indicated by [OR]. The Irish versions are those given by the original compilers, without any alteration or modernisation, while the English renderings are also those put upon them by the compilers. Many appear to be duplications but in fact are slightly variant forms, perhaps from different parts of the country. One not included in the body of this selection is almost an Irish Ten Commandments and seems a fitting end to this preface.

Ná bí cainteach a d-tigh an óil,
Ná cuir anfhios air sheanóir,
Ná h-abair nach n-déantar cóir,
Ná h-ob agus na h-iarr onóir,
Ná bí cruaidh agus ná bí bog,
Ná tréig do charaid air a chuid,
Ná bí mí-mhodhamhail, ná déan troid,
A's ná h-ob í ma's éigin duit.

Do not be talkative in a drinking-house,
Do not impute ignorance to an elder,
Do not say justice is not done,
Do not refuse and do not seek honour,
Do not be hard and do not be liberal,
Do not forsake a friend on account of his means,
Do not be impolite; and do not offer fight,
Yet decline it not, if necessary. [B]

ADVICE

1   Comhairle charaid gan a h-íarraidh, chan
     fhuair si a ríamh an meas budh chóir di.
     A friend's advice not asked for was never valued
     as it deserved. [MA]

2   Is olc nach ngabhaidh comhairle, acht is míle
     measa a ghabhas gach uile chomhairle.
     He is bad that will not take advice, but he is a
     thousand times worse who takes every advice. [MA]

3   An té ná gabhann cómhairle gabhadh sé
     cómhrac.
     Let him who will not have advice have conflict.
     [OL]

4   Minic bhí duine 'na dhroch-chómhairlidhe
     dho féin agus 'na chómhairlidhe mhaith do
     dhuine eile.
     A man is often a bad adviser to himself and a
     good adviser to another. [OL]

APPETITE

5   Maith an mustárd an sliabh.
     The mountain is a good mustard. [OL]

6   Is maith a t-annlann an t-ocras.
     Hunger is the best sauce. [OL]

APPLICATION

7   Ní fhaghann cos 'na comhnaidh aon nídh.
    The foot at rest meets nothing. [B]

8   Ma bhris tu an cnámh, char dhiúghail tu an
    smior.
    *Though you have broken the bone you have not
    sucked out the marrow.* [MA]

9   Is fearr rith maith ná seasamh fada.
    A good run is better than a long stand. [MA]

10 Budh chóir an dán a dheanadh go maith air
    tús, mur is iomad fear millte a thig air.
    *A poem ought to be well made at first, for there
    is many a one to spoil it afterwards.* [MA]

11 Is namhuid an cheird gan a foghluim í.
    A trade not (properly) learned is an enemy. [MA]

12 'Si leith na ceirde an úirleas.
    The tools are the half of the trade. [MA]

13 Is fearr díomhaineach ná ag obair a n-asgaidh.
    Better be idle than working for nothing. [MA]

14 Buail an t-iarann fad a's ta se teith.
    Strike while the iron is hot. [MA]

15 Cha ghabhann dorn druidte seabhac.
    A shut fist will not catch a hawk. [MA]

16 Chan fhaghthar saill gan saothar.
Fat is not to be had without labour. [MA]

17 Sé an t-éun maidne a gheabhas a phéideog.
It is the morning bird that catches the worm.
[MA]

18 Is trian de'n obair, tús a chur.
Making a beginning is the one-third of the
work. [MA]

19 Dean sin mur a bheidheadh teine air do
chraicionn.
Do it as if there were fire on your skin. [MA]

20 An té is luaithe lamh, bíodh aige an gadhar
bán 's a fiadh.
He that has the quickest hand, let him have the
white hound and the deer. [MA]

21 Is fearr éirigh moch ná suidhe mall.
Early rising is better than sitting up late. [MA]

22 Faghann iarraidh iarraidh eile.
The seeking for one thing will find another. [MA]

23 Ni'l ó mheud an phráinn nach lughaide na
gnothuidhe.
The greater the hurry the less the work. [MA]

24 Trom an rud an leisge.
Laziness is a load. [OL]

25 Cuir luath is buin luath.
   Early sow, early mow. [OL]

26 As an obair do fachtar an fhoghluim.
   Learning comes through work. [OL]

27 Gnáthamh na hoibre an t-eólas.
   Knowledge comes through practice. [OL]

28 Gibé olc maith an ealadha, is taithighe néann
   máighistreacht.
   Be one's trade good or bad, it is experience that
   makes one an adept at it. [OL]

29 I gcosaibh na con do bhíonn a cuid.
   A greyhound finds its food with its feet. [OL]

30 Ní fhaghann cos 'na comhnaidhe dada.
   A foot that stirs not gets nothing. [OL]

BEAUTY

31 Ailneacht mná ionraice guidheann cuntus
   cruaidh.
   The beauty of a chaste woman excites hard
   dispute. [B]

29 I gcosaibh na con do bhíonn a cuid.

A greyhound finds its food with its feet. [OL]

32 Bidh borb faoi sgéimh.
   A fierce person is often in beauty's dress. [B]

33 Is minic a bhí grána geanamhail, agus
   dathamhail dona.
   Often was ugly amiable and pretty sulky. [B]

34 Leis a mhéin a bhréagtar ach uile nidh, acht
   béidh an sgiamh ag an té ar geineadh dó í.
   Beauty is the possession of him to whom it is born,
   but it is manner that captivates every one. [M]

35 Biann duilleabhar áluinn a's toradh searbh air
   chrann na sgéimhe.
   The tree of beauty has handsome foliage and
   bitter fruit. [MA]

36 Minic bhí gránna greannmhar is dathamail
   donaoi.
   Often was ugly amiable and handsome
   unfortunate. [OL]

37 Ní hí an bhreághthacht do chuireann an
   crocán a' fiuchadh.
   Beauty will not make the pot boil. [OL]

BEGGING

38 Is fearr mathair phócáin ná athair seistrigh.
   A begging mother is better than a ploughing
   father. [MA]

39 Ní bhfaghann sír-iarraidh ach sír-eiteach.
*Constant begging only meets with constant
refusal.* [OL]

BRIBERY

40 Sgoilteann an bhreab an chloch.
Bribery can split a stone. [OL]

41 Ní háil liom fear breibe.
I like not a man who is bribed. [OL]

CHARITY

42 Dean taise le truaighe, a's gruaim le namhuid.
*Have a kind look for misery, but a frown for an
enemy.* [MA]

43 Ní bhfachtar maith le mugha agus fachtar clú
le déirc.
*No good is got by wasting, but a good name is
got by alms-giving.* [OL]

CLEANLINESS

44 Is don ghlóire an ghluine.
Cleanliness is part of glory. [OL]

CO-OPERATION

45 Beirbh birín dam is beireód birín duit.
Cook a little spit for me and I'll cook one for you. [OL]

46 Bíonn an rath i mbun na ronna.
There is luck in sharing a thing. [OL]

CURES

47 Dóchar liaigh gach anró.
Hope, the physician of all misery. [B]

48 Otracht sodh an leaghaidh.
Distemper is the physician's luck. [B]

49 An nidh nach féadar a léigheas, is éigin 'fhulaing.
What cannot be cured must be endured. [MA]

50 An luibh ná fachtar fhóireann, adeir siad.
The herb that is not got is the one that cures, they say. [OL]

51 Ar an rud nach féadfar do leigheas isí an fhoighde is fearr.
For what cannot be cured patience is the best remedy. [OL]

52 Ni'l brigh 'san luibh nach bh-faghthar a n-ám.
There is no virtue in the herb that is not got in time. [MA]

DEATH

53   Is iomdha lá 'sa g-cill orainn.
Many a day shall we rest in the clay. [B]

54   Liagh gach boicht bás.
Death is every poor man's physician. [B]

55   Níor thug an bás, spás do dhuine air bith a riamh.
Death, when its hour arrives, never granted any one a respite. [B]

56   Sona ádhluic fliuc.
A wet burying is lucky. [B]

57   Níor bhlas sé an biadh nach mblasfaidh an bás.
He has not tasted food who will not taste death. [M]

58   Is iomdha cor ag an bhás le baint as an duine.
Death has many ways of taking a turn out of a person. [M]

59   Tá na daoine greannmhara uilig sa' tsiorruidheacht.
The pleasant humorous people are all in eternity. [M]

60   Is ionann 's a cás, a t-éug 's a bás.
To die and to lose one's life are much the same. [MA]

61 Biann dúil le béul fairge, acht cha bhiann le
béul uaighe.
There is hope from the mouth of the sea, but not
from the mouth of the grave. [MA]

62 Cha d-tig an bás gan adhbhar.
Death does not come without a reason. [MA]

63 Cabhair an bhochtáin, béul na h-uaighe.
The poor man's relief is the mouth of the grave.
[MA]

64 Ní thig éag gan adhbhar.
Death does not come without a cause. [OL]

65 Dearbhráthair don bhás an codladh.
Sleep is brother to death. [OL]

66 Fearr súil le glas ná súil le huaigh.
Better expectation of release from imprisonment
than of release from the grave. [OL]

DEBT

67 Cuntas glan fhagas cáirde buidheach
A charas Criosd, cuir a nall an fheóirlin.
Clear accounts leave friends thankful;
So, gossip, hand me over the farthing. [MA]

68 Ní dhíolann dearmhad fiacha.
Forgetting a debt does not pay it. [OL]

69 Is gnáth sealbh ar gach síoriasacht.
A long-continued loan usually confers ownership.
[OR]

70 Is fiach ma gelltar.
A promise is a debt. [OR]

71 Is fochen aged fhécheman.
Welcome is a debtor's face. [OR]

DISCRETION

72 An rud nach bh-fághtar sé fhóireas.
What cannot be had is just what suits. [B]

73 Deacair dreim leis an mhuir mhór.
Hard to contend with the wide ocean. [B]

74 Dearc sul léim a tabhart.
Look before giving a leap. [B]

75 Gach am ní h-eagnach saoi.
At all times a sage is not wise. [B]

76 Má's fada lá tig oidhche.
If the day is long, night comes (at last). [B]

77 Moladh gach aon an t-áth mar do
gheabhfaidh.
Let each man praise the ford as he finds it. [B]

78 Ná tabhair do bhreith air an g-céad sgeul,
    Go m-beiridh an taobh eile ort.
    *Do not give your judgement on (hearing) the
    first story,*
    Until the other side is brought before you. [B]

79 Ni'l fios aig duine cia is feárr — an luas 'na 'n
    mhoill.
    *One does not know whether speed or delay is
    better.* [B]

80 Tá fáth le gach nidh.
    There is reason for everything. [B]

81 Ná fág an sionnach ag buachailleacht na
    ngéach.
    Don't leave the fox herding the geese. [M]

82 Bíodh teinidh agat fhéin
    Nó teana do ghoradh leis an ghréin.
    Have a fire of your own
    Or else depend on the sun for a warming. [M]

83 Is fheárr treabhadh mall nó gan treabhadh idir.
    To plough late is better than not to plough at all.
    [M]

84 Tá dhá lá san earrach comh maith le deich lá
    san fhóghmhar.
    *Two days in spring are as good as ten days in the
    harvest.* [M]

81 Ná fág an sionnach ag buachailleacht na
    ngéach.
    Don't leave the fox herding the geese. [M]

85   Na bain tuibhe de do thigh féin le sglátaidh a
     chur air thigh fir eile.
     Do not take the thatch off your own house to
     put slates on another man's house. [MA]

86   Féuch nach n-dean tu droch-amharc air.
     Take care lest you cast the evil eye on him. [MA]

87   Ná bris do loirgín air sdól nach bh-fuil ann
     do shlighe.
     Do not be breaking your shin on a stool that is
     not in your way. [MA]

88   Ná tóg me go d-tuitidh me.
     Do not lift me till I fall. [MA]

89   Is feárrde de'n chailleach a goradh, acht is
     misde di a losgadh.
     The hag is the better of being warmed, but the
     worse of being burned. [MA]

90   Ní cóir gearran éasgaidh a ghréasughadh.
     It is not right to urge an active horse. [MA]

91   Is maith a t-each a shásuigheas gach marcach.
     It is a good horse that pleases every rider. [MA]

92   Tá sneag an cheapaire nar uaith tu ort.
     You have got the hiccup from bread and butter
     you never ate. [MA]

93   Ná cuir ghob a g-cuideachta gan íarraidh.
     Never thrust your beak into company without
     invitation. [MA]

94   Cha d-tainig fear an eadarsgáin saor a ríamh.
The intermeddler never came off safe. [MA]

95   Biann eagla na teine air a leanabh dóithte.
A burnt child fears the fire. [MA]

96   Chan sgéul rúin a chluinneas triúir.
A story that three people hear is no secret. [MA]

97   Ma's maith leat síochaint, cairdeas, a's moladh,
Eisc, faic, is fan balbh.
If you wish for peace, friendship and praise,
Listen, look and be dumb. [MA]

98   An té nach ngabhaidh comhairle, glacaidh se
comhrac.
He who will not take advice will take a quarrel.
[MA]

99   Ná taisbean do fhiacal 's an áit nach d'tig leat
greim a bhaint a mach.
Do not show your teeth where you cannot give a
bite. [MA]

100   Is fearr fuigheall ná bheith air easbuidh.
Better have the leavings than have nothing at
all. [MA]

101   Is fearr 'na aonar ná bheith a n-droch-
chuideachd.
It is better to be alone than in bad company.
[MA]

96 Chan sgéul rúin a chluinneas triúir.
    A story that three people hear is no secret. [MA]

102 Cha n-é lá na gaoithe lá na sgolba.
*The windy day is not the day for fastening the
thatch.* [MA]

103 Ná dean cró a roimhe na h-arcaibh.
Do not build the sty before the litter comes. [MA]

104 Ma's milis a mhil, ná ligh-sa de'n dréasoig i.
Though honey is sweet do not lick it off a briar.
[MA]

105 Ná beannuigh an t-íasg go d-tiocaidh se a d-tír.
Do not bless the fish till it gets to the land. [MA]

106 Mur rinne tu do leabaidh, luidh uirrthi.
As you have made your bed, lie on it. [MA]

107 Is fearr pilleadh as lár an atha ná bathadh 'sa
tuile.
*It is better to turn back from the middle of the
ford than to be drowned in the flood.* [MA]

108 An té nach g-cuireann 'sa n-earrach, cha
bhainneann se san fhoghmhar.
*He that does not sow in the spring-time will not
reap in the harvest-time.* [MA]

109 Amharc romhad sul a d-tabhraidh tu do leum.
Look before you leap. [MA]

110 Is mairg a leigeas a rún le cloidh.
*Woe to the man that entrusts his secret to a
ditch.* [MA]

111 An té nach g-cuiridh snaim, caillidh se
a cheud ghreim.
He that does not tie a knot will lose his first
stitch. [MA]

112 Is cóir nidh a thaisgidh le h-aghaidh na coise
galair.
It is right to lay something by for a sore foot. [MA]

113 Salachaidh aon chaora chlamhach sréud.
A single scabby sheep will infect a flock. [MA]

114 An té fhanas a bhfad a muigh, fuarann a
chuid air.
The man that stays out long, his dinner cools. [MA]

115 Chan fhuair an madadh ruadh teachdaire a
riamh a b'fhearr ná é féin.
The fox never found a better messenger than
himself. [MA]

116 Is breállan an té nach nglacfadh airgead a
d'fhuralochadh air.
He is a fool that will not take money that is
offered to him. [MA]

117 Is fusa sgapadh ná cruinniughadh.
It is easier to scatter than to gather. [MA]

118 Ná cuntais na sicinidh no go m-beidh siad
leigthe.
Do not count the chickens until they are
hatched. [MA]

119 Faghann na h-eich bás, fhad a's bhios a féur a'
fás.
The horses die while the grass is growing. [MA]

120 Tarruing do lamh comh reidh a's thig leat as
béul a mhadaidh.
*Draw your hand out of the dog's mouth as easily
as you can.* [MA]

121 Déin connradh do reir sparáin.
Let your bargain suit your purse. [OL]

122 Ní hinniúchtar fiacla an eich do bronntar.
*The teeth of a horse given as a present are not
scrutinised.* [OL]

123 Mairg do-ní deimhin dá bharamhail.
Woe to him who deems his opinion a certainty.
[OL]

124 Ní thig luas is léireacht le chéile.
Speed and precision do not agree. [OL]

125 Cuimhnig sul a labharfair, agus féach rót sul a
léimir.
*Think before you speak, and look before you
leap.* [OL]

126 Fearr teithe maith ná droichsheasamh.
A good retreat is better than a poor defence.
[OL]

127 Ná nocht t'fhiacla go bhféadfair an greim do
bhreith.
Do not show your teeth until you can bite. [OL]

128 Mol gort agus ná mol geamhar.
Praise the ripe field, not the green corn. [OL]

129 Bé théid as nó ná téid, ní théid fear na
headaragála.
*No matter who comes off well, the peace-maker
is sure to come off ill.* [OL]

130 Ná gearradh do theanga do sgórnach.
Let not your tongue cut your throat. [OL]

131 Nuair bhíonn do lámh i mbéal an mhadra,
tarraing go réig í.
*When your hand is in the dog's mouth withdraw
it gently.* [OL]

132 Cuinnibh an cnámh is leanfaidh an madra
thu.
*Keep hold of the bone and the dog will follow
you.* [OL]

133 Fearr féachain rót ná dhá fhéachain id dhiag.
One look before is better than two behind. [OL]

134 An té ghrádhas an dainseur, cailltear ann é.
He that loveth danger shall perish in it. [OL]

135 Bíodh eagla ort is ní baoghal duit.
Be afraid and you'll be safe. [OL]

DRINK AND DRUNKENNESS

136 An té ólas acht uisge ní bheidh sé air mheisge.
He who drinks only water will not be drunk. [B]

137 Dearbhráthair leadráracht' ólachán.
Drinking is the brother of robbery. [B]

138 Gnídh tart tart.
Thirst produces thirst. [B]

139 Is milis fíon, is searbh a íoc.
Wine is sweet — sour its payment. [B]

140 Sgéitheann fíon fírinne.
Wine reveals the truth. [B]

141 Chan cuireadh gan deoch é.
It is not an invitation without a drink. [M]

142 Bí ar meisge nó in do chéill congbuigh do
intinn agat fhéin.
*Let you be drunk or sober keep your mind to
yourself.* [M]

143 An úair a bhios an deóch a stigh, biann a
chiall a muigh.
When drink is in, sense is out. [MA]

144 Is giorra deóch na sgeul.
A drink is shorter than a story. [MA]

145 Is searbh d'a íoc an fíon ma's milis d'a ól.
*Wine is sweet in the drinking but bitter in the
paying.* [MA]

146 Beag sochar na sír-mheisge.
Little profit comes from constant drunkenness.
[OL]

147 Bean ar meisge, bean i n-aisge.
A drunken woman is lost to shame. [OL]

EVIL

148 Mairg do gnidh eiteach a's goid.
It is evil to refuse and steal. [B]

149 Olc ann aghaidh maitheasa.
Good against evil. [B]

150 Is fear eólus an uilc ná an t-olc gan eólus.
*Better is knowledge of evil than evil without
knowledge.* [MA]

151 Fada iarsma na droichbheirte.
The effects of an evil act are long felt. [OL]

152 Ní lugha an fhroig ná máthair an uilc.
Evil may spring from the tiniest thing. [OL]

153 Dein maith i n-aghaidh an uilc.
Do good in return for evil. [OR]

FAME AND SHAME

154 Buaine clú 'na saoghal.

Fame is more enduring than life. [B]

155 Ná mol a's ná cain thu féin.

Neither praise nor dispraise thyself. [B]

156 Ní náire an bhochtannacht.

Poverty is no shame. [B]

157 Loiteann aoradh mór-clú.

Satire injures great fame. [B]

158 An té a chailleas a náire gheibh sé a dhánacht.

He who loses his shame gets his boldness. [M]

159 Bhí sé camhail is saoitheamhail gur chaill sé a chliú.

He was gentle and civil until he lost his reputation. [M]

160 Is ball buan do'n donas an náire.

Shame is a constant accompaniment of poverty. [MA]

161 Ainm gan tábhacht.

The name without the substance. [MA]

162 Molaidh an gníomh é féin.

The deed will praise itself. [MA]

163 Is úaisle onoir ná ór.

Honour is more noble than gold. [MA]

164 Lán duirn de shógh, agus lán baile de náire.
The full of a fist of gain, and the full of a village of shame. [MA]

165 Ma's mór do chliú, cha mhaith.
Though your fame is great it is not good. [MA]

166 Is búaine cliú ná saoghal.
Reputation is more lasting than life. [MA]

167 Is fearr diol tnu ná diol truaighe.
It is better (to be) an object of envy than an object of pity. [MA]

168 Glacaidh gach dath dubh, acht ni ghlacaidh an dubh dath.
Every colour will take black, but black will take no colour. [MA]

169 Da fhaide a's bheidheas tu a muigh, ná beir droch-sgéul a bhaile ort féin.
As long as you are from home, never bring back a bad story about yourself. [MA]

170 Is buaine bladh ná saoghal.
Fame endures longer than life. [OL]

171 Beó duine d'éis a anma, agus ní beó d'éis a einigh.
A man may live after losing his life but not after losing his honour. [OR]

172 Is uaislí in clú ina'n t-ór.
   A good name is more precious than gold. [OR]

FAULTS

173 Ní fheiceann an duine a locht fhéin.
   A person does not see his own fault. [M]

174 Tá siad fíor mhaith atá gan locht.
   They are truly good who are faultless. [M]

175 Aithnigh cú géur a lócht.
   A sharp hound knows his fault. [MA]

176 Is iomad gron a chithear air a duine bhocht.
   Many a defect is seen in the poor man. [MA]

177 Is maith an séideadh sróine do dhuine, smug
   fhaiceal air dhuine eile.
   *It is a good nose-blowing to a man to see snot on
   the nose of another.* [MA]

FIGHTING AND CONTENTION

178 Claoidheann neart ceart.
   Might subdues right. [B]

179 Feárr deire fleidhe 'na tús bruidhne.
The last of a feast is better than the first of a fight. [B]

180 Is treise gliocas 'ná neart.
Cunning is superior to strength. [B]

181 'Sé fear na fiadhnuise is mó chidh an racan.
It is the stander-by who sees most of the quarrel. [MA]

182 Is cruaidh an cath ó nach d-tig fear innsidh an sgéil.
It is a hard fought battle from which no man returns to tell the tale. [MA]

183 Cha dearna se poll nar chuir mi-se táirne ann.
He did not make a hole that I did not drive a nail into. [MA]

184 Iomad na lamh a bhaineas a cath.
It is the multitude of hands that gain the battle. [MA]

185 An té a bhualadh mo mhadadh, bhualadh se mé féin.
He that would beat my dog would beat myself. [MA]

186 Troid chaoracha maola.
A fight between hornless sheep. [MA]

187 Ná seachain a's ná h-agair an cath.
Do not either shun or provoke a fight. [MA]

186 Troid chaoracha maola.

A fight between hornless sheep. [MA]

188 Biann marbhadh duine eadar dhá fhocal.
The killing of a man may be between two words. [MA]

189 Théid focal le gaoith, a's théid buille le cnáimh.
A word goes to the wind, but a blow goes to the bone. [MA]

190 Is uiris dearga ar aithinne fhórloisgthe.
Burning embers are easily kindled. [OL]

191 Ní gnáth cosnamh iar ndíth tighearna.
Rarely is a fight continued when the chief has fallen. [OL]

192 D'fhear cogaidh comhalltar síocháin.
To a man equipped for war peace is assured. [OL]

193 Gach sluagh nach saigh, saighfidher.
Every army that attacks not will be attacked. [OR]

194 Ní sluagh neach ina aonar.
A solitary man makes not an army. [OR]

195 Luighidh iolar ar uathadh.
Many overpower few. [OR]

196 Ní fríth, ní fuighbhither, breithemh bus fíriu cathráe.
There has not been found, nor will there be found, a juster judge than the field of battle. [OR]

197 Ussa éc earnbás.
Any death is easier than death by the sword. [OR]

FOLLY

198 Déirc d'a chuid fhéin do'n amadás.
An alms from his own share is given to a fool. [B]

199 Aithnigheann óinmhid locht amadáin.
A foolish woman knows the faults of a man fool.
[B]

200 Aimideacht geárr is sí is feárr.
The less of folly the better. [B]

201 Bidh ádh air amadán.
Even a fool has luck. [B]

202 Ceann mór na céile bige.
Big head, little sense. [B]

203 Diomhaoireas miar amadáin.
Idleness a fool's desire. [B]

204 Treid bodaigh le sluagh.
A clown's fight against a host. [B]

205 Briseadh gach uile dhuine fuinneag dó féin,
mur dubhairt an t-amadan.
*Let every man break a window for himself, as
the fool said.* [MA]

206 Tabhair a rogh do'n m-bodach, agus 's é a
díogadh a thoghfaidh se.
*Give a clown his choice and he will choose the
worst.* [MA]

207 Tabhair-se sin damhsa, is bí féin it óinsig.
Give that to me, and be a fool yourself. [OL]

FOOD

208 Beathadh an staraidhe fírinne.
Truth is the historian's food. [B]

209 Feárr a oileamhair 'na a oideachas.
His feeding (has been) better than his education.
[B]

210 Ní thig leat d'arán a bheith agad agus a ithe.
You cannot have your bread and eat it. [B]

211 Searbh an t-arán a ithear.
Eaten bread is sour. [B]

212 Ta se amhuil a's mala pioba, cha seineann se
go m-beidh a bholg lán.
*He is like a bag-pipe, he never makes a noise till
his belly's full.* [MA]

213 An té d'uaith an fheóil, óladh se an brot.
*He that has eaten the flesh-meat may drink the
broth.* [MA]

214 Is maith an sgeul a líonas bolg.
It is a good story that fills the belly. [MA]

215 Cha líontar an bolg le caint.
The belly is not filled by talking. [MA]

216 'N uair a bhios bolg a chait lán, ghnidh se crónan.
When the cat's belly is full, she purrs. [MA]

217 An rud do thógfadh duine, 'sé mharódh duine eile.
One man's meat is another man's poison. [OL]

218 An úair is gainne an meas 's é is fearr a bhlas.
When the fruit is scarcest, its taste is sweetest. [MA]

FORTUNE AND MISFORTUNE

219 Is caol a thigeas an t-ádh acht 'nna thuilte móra thigeas an mio-ádh.
In slender currents comes good luck, but in rolling torrents comes misfortune. [B]

220 Ní lia an sonas 'ná an donas ann orlaibh thríd.
Fortune comes not without misfortunes inch for inch. [B]

221 Tá lán mara eile ins an fhairge.
There is another tide in the sea. [M]

222 As a choire anns a teinidh.
Out of the pot into the fire. [MA]

223 Baitear a long ann a n-aon pheacaidhe.
A ship is sunk on account of one sinner. [MA]

224 Is bliadhain shóghmhuil shocharaidh
Bliadhan róghmhuil sceachairidh.
An abundant year of haws is a prosperous and
profitable one. [MA]

225 Ceatha Iobráin a neartuigheas na saorclann.
April showers strengthen the buttercups. [MA]

226 Is fearr an t-ágh maith ná éirigh go moch.
Good luck is better than early rising. [MA]

227 Is fearr a bheith sona ná críonna.
It is better to be lucky than wise. [MA]

228 Ma's fada a bhios an t-ágh, thig se fa dheireadh.
Though luck may be long in coming, it comes at
last. [MA]

229 Ann's a deireadh thig a biseach.
The luck comes in the end. [MA]

230 Léig an donas chun deiridh, a n-dúil s' nach
d-tiocaidh se choidche.
Leave the bad luck to the last, in hopes that it
may never come. [MA]

231 Biann a mhi-ágh féin a' brath air gach duine.
Every man has his own little bad luck awaiting
him. [MA]

232 An té a bhios síos buailtear clóch air, a's an té
a bhios súas óltar deóch air.
The man that is down has a stone thrown at him,
and the man that is up has his health drunk. [MA]

225 Ceatha Iobráin a neartuigheas na saorclann.

April showers strengthen the buttercups. [MA]

233 An nidh nach n-ithtear a's nach ngoidtear,
gheabhar é.
*The thing that is not eaten, and not stolen, will
be found.* [MA]

234 Char dúnadh dorus a ríamh nar fosgladh
dorus eile.
*There was never a door shut but there was
another opened.* [MA]

235 Ta iasg 's a bh-fairge ni's fearr ná gabhadh a
ríamh.
*There is fish in the sea better than ever was
caught yet.* [MA]

236 Is fearr muinighin mhaith ná droch-aigneadh.
Good hope is better than bad intention. [MA]

237 Is minic a bhi dubhach mór air bheagan
fearthana.
*'Tis often there has been great darkness with
little rain.* [MA]

238 Is fearr suidhe gearr ná seasamh fada.
A short sitting is better than a long standing.
[MA]

239 Iomarcaidh d'aon nidh, 's ionann sin 's gan
aon nidh.
Too much of one thing is the same as nothing.
[MA]

240 Is fearr marcaigheachd air ghabhar ná
coisigheacht ó fheabhas.
Riding on a goat is better than the best walking.
[MA]

241 Is fearr teine bheag a ghoras ná teine mhór a
losgas.
*A little fire that warms is better than a big fire
that burns.* [MA]

242 Ma's gasta an gearr-fhiadh, beirthear fa
dheireadh air.
Though the hare is swift she is caught at last.
[MA]

243 Is maith a saoghal é ma mhaireann se a bh-fad.
It is a very good time if it lasts. [MA]

244 Fanann duine sona le séun, agus bheir duine
dona dubh-léum.
*The lucky man waits for prosperity, but the
unlucky man gives a blind leap.* [MA]

245 Minic do caileadh long lámh le cuan.
Often has a ship been lost close to the harbour.
[OL]

246 An té chuireas, 'sé bhaineas.
He that sows will reap. [MA]

247 Ní gheabhar an cú go n-imthigh an fiadh.
The hound is not found until the deer is gone.
[MA]

248 Sabhálann greim a n-ám dhá ghreim.
A stitch in time saves two stitches. [MA]

249 Ní i gcomhnuidhe mharbhann daidín fia.
It is not every day that daddy kills a deer. [OL]

250 Fearr an mhaith atá ná an dá mhaith do bhí.
*Better one good thing that is than two good
things that were.* [OL]

251 Fearr amhail ná dóith.
Better 'it is' than 'it may be so'. [OL]

252 Ag duine féin is fearr fhios cá luigheann a
bhróg air.
*The wearer knows best where the shoe pinches
him.* [OL]

253 Ar uairibh thigid na hanacraí — is fearr san
ná a dteacht an éinfheacht.
*It is well that misfortunes come but from time to
time and not all together.* [OL]

254 Mairg do báitear am an anfa; tigeann an
ghrian i ndiaidh na fearthana.
*Pity the man who is drowned during the
tempest, for after rain comes sunshine.* [OL]

255 Tar éis dubhaidh tig soineann.
After gloom comes fair weather. [OL]

256 Teas gréine is gar do dhubhadh.
Sunshine follows gloom. [OL]

257 An bláth chuireas an choill di, tig a
     ionshamhail uirthi.
     The wood will renew the foliage it sheds. [OL]

258 Níl tuile ná trághann.
     Every tide has its ebb. [OL]

259 Dá fhaid lá, tigeann oidhche.
     The longest day has an end. [OL]

260 Ní fhaghann sagart balbh beatha.
     A dumb priest does not get a livelihood. [OL]

261 Fearr leath-bhairghean ná bheith gan arán.
     Half a loaf is better than no bread. [OL]

262 Trí chomhartha an duine dhona, .i. urradhas,
     eadaragáil agus fínné.
     *The three signs of an unfortunate man, — going
     bail, intervening in disputes, bearing testimony.*
     [OL]

263 Ní bhí an tubaist acht mar a mbí an spréidh.
     Misfortune comes only where wealth is. [OR]

FRIENDSHIP

264 Aithníghthear caraid a g-cruadhtan.
     Friends are known in distress. [B]

265 Dearbh carad roimh riachtannas.
     Prove a friend ere necessity. [B]

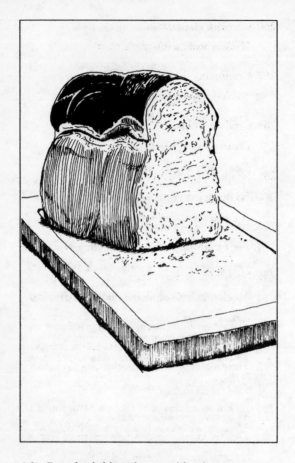

261 Fearr leath-bhairghean ná bheith gan arán.
Half a loaf is better than no bread. [OL]

266 Gan lón, gan caraid.
Without store, without friend. [B]

267 Gnidheann ciste cathrannacht.
Wealth creates friendship. [B]

268 Gnidheann bladar caradas.
Flattery begets friendship. [B]

269 Ní car gach bladaire.
Every flatterer is not a friend. [B]

270 Ní buan cogadh na g-carad.
The fighting of friends is not lasting. [B]

271 Ní easbha go dích cáirde.
No want compared with the loss of friends. [B]

272 Cha robh caora chlamhach air a t-sréud a
ríamh, nar mhaith leithi comráda bheith aici.
*There was never a scabby sheep in a flock that
did not like to have a comrade.* [MA]

273 Ni h-eólus gan iontuigheas.
*There is no knowing a person without living in
the same house with him.* [MA]

274 Na tréig do charaid air do chuid.
Do not desert your friend for your meat. [MA]

275 An té a luidheas leis na madraidh, éireochaidh
se leis na dearnadaidh.
*He that lies down with the dogs will rise up
with the fleas.* [MA]

276 Is maith an sgathan súil charad.
The eye of a friend is a good looking-glass. [MA]

277 A n-am na ciorra aithnighear an charaid.
In time of need the friend is known. [MA]

278 Seachain is ná taobhuig, is ná tabhair an
t-aitheantas ar aonrud.
*Be on your guard against taking sides, and on
no account sacrifice your friends.* [OL]

279 Togh do chuideachta sul a suidhfir.
Choose your company before you sit down. [OL]

280 Ní coidreamh go híntigheas.
*To know a person one must live in the same
house with him.* [OL]

281 Seachain droch-chuideachta.
Shun evil company. [OL]

282 Innis dam do chuideachta is neósad cé hé thu.
Tell me your company and I'll tell who you are.
[OL]

283 Maith í an charaid, acht gé holc bheith 'na
heasba.
*Friendship is good, though absence from friends
is painful.* [OL]

284 Tástáil do dhuine muinteartha sul a
dteastóidh sé uait.
Prove your friend before you have need of him.
[OL]

285 Deireadh cumainn comhaireamh.
   Reckoning up is friendship's end. [OR]

_____

GAMBLING

286 Fearr mac le himirt féin ná mac le hól.
   Better even a son given to gambling than a son
   given to drink. [OL]

287 Súil le cúiteamh do lomann an cearbhach.
   The expectation of recouping himself is what
   beggars the gambler. [OL]

288 Súil le cúitiughadh a mhilleas a cearbhach.
   It is the hope of recompense that ruins the card-
   player. [MA]

_____

GENEROSITY

289 Is bog reidh gach duine fa chraicion dhuine cile.
   Every man is very obliging with other men's
   hides. [MA]

290 Cha robh bolg mór fial a ríamh.
   A big belly was never generous. [MA]

291 Roinn mur do dhaoine, a's ná fag thu féin
   falamh.
   Share as your family do, so as not to leave
   yourself empty. [MA]

292 Cuir an ceart 'roimh an bh-féile.
Put justice before generosity. [MA]

293 Fiú oineach mall druideam 'na chuinnibh.
*Generosity which is dilatory is worth going to
meet.* [OL]

294 Adeir siad ná deaghaidh fial go hiofrann.
A generous man, they say, has never gone to hell.
[OL]

GOD

295 Is giorra cabhair Dé 'ná'n torus.
God's aid is nearer than the door. [B]

296 Is goirid a bhéadh Dia ag léigheasughadh gach
loit.
God could quickly cure all injuries. [M]

297 Chan ionann bodach is Dia.
God is not the same as a big wealthy man. [M]

298 Is buidheach le Dia an umhluigheacht.
Humility is grateful to God. [M]

299 Ní do gach duine a bhearas Dia inntleacht.
It is not to everyone God gives cleverness. [M]

300 Cha bhiann Dia le mi-rún daoine.
God takes no part in the bad designs of men.
[MA]

301 Char dhruid Dia bearn a riamh nach
bh-fosgoladh se bearn eile.
God never closed one gap that he did not open
another. [MA]

302 Char órduigh Dia béul gan biadh.
God never ordained a mouth to be without food.
[MA]

303 Cha n-é gach aon n-duine d'ar órduigh Dia
sponóg airgid ann a bhéul.
It is not every one that God ordained should
have a silver spoon in his mouth. [MA]

304 Cuidigheann Dia leis a té a chuidigheas leis
féin.
God helps him who helps himself. [MA]

305 Stiúir gach maitheasa grádh Dé.
The love of God directs everything good. [OL]

306 Giorra cabhair Dé ná an doras.
God's help is nearer than the door. [OL]

307 Túis na heagna namham Dé.
The fear of God is the beginning of wisdom. [OL]

308 Roinneann Dia na subháilcí.
God shares out good things. [OL]

309 An té ná múineann Dia ní mhúineann daoine.
He who is not taught by God, is not taught by
man. [OL]

310 Labraid duine, innisid Dia.
Man talks, but God sheweth the event. [OR]

GRATITUDE AND INGRATITUDE

311 Da g-cuirinn gruaig mo chinn faoi n-a chosa,
cha sásochadh se é.
If I were even to put the hair of my head under
his feet it would not satisfy him. [MA]

312 Is buidh le bocht a bh-faghann.
The poor are thankful for what they get. [MA]

313 Mairg ná cuimhnigheann ar an arán d'íosadh sé.
Woe to him who remembers not the bread he
eats. [OL]

HEALTH

314 An rud reamhar do'n mhnaoi bhreóite.
Give the dainty bit to the sickly woman. [MA]

315 'Si a chneadh féin is luaithe mhothuigheas
gach duine.
It is his own wound that every man feels the
soonest. [MA]

316 Ní fuláir deachmhadh na sláinte dhíol.
One must pay health its tithes. [OL]

HINDSIGHT AND FORESIGHT

317 Foillsightear gach nidh le h-aimsir.
By time is everything revealed. [B]

318 Ní h-ealadha go léightear stair.
No science till history be read. [B]

319 Is maith an fáidh deireadh an lae.
The end of the day is a good prophet. [M]

320 Is tuar fearthana alt áilleog.
A flock of swallows is a sign of rain. [MA]

321 Is a g-cionn na bliadhna innsidheas iasgaire
a thábhachd.
*It is at the end of the year that the fisherman
can tell his profits.* [MA]

322 Mol a dheireadh.
Praise the end of it. [MA]

323 Is maith a sgéulaidhe an aimsir.
Time is a good historian. [MA]

324 Thainig tu an lá a n-déigh an aonaigh.
You have come the day after the fair. [MA]

325 Fál fa'n ngort a n-déigh na fóghala.
Putting a fence round the field after the robbery.
[MA]

326 A n-déigh 'aimhleis do chithear a leas
do'n Eirionnach.
After misfortune the Irishman sees his profit. [MA]

327 Cha d-tuigear feum an tobair no go d-téid se
a d-tráigh.
*The value of the well is not known till it dries
up.* [MA]

328 Tar éis a chítear gach beart.
It is afterwards events are understood. [OL]

HONESTY AND DISHONESTY

329 Saoileann gaduidhe na g-cruach gur
sladaidibh an sluagh.
*The man that steals stacks thinks all the world
thieves.* [MA]

330 An uair a thuiteas rógairidh a mach, tiocaidh
duine macanta air a chuid féin.
*When rogues fall out an honest man will get his
own.* [MA]

331 Is beag a ta eadar an chóir a's an eugcóir.
There is but little between justice and injustice.
[MA]

332 Cha deanann balbhan bréug.
A dumb man tells no lies. [MA]

333 Is fearr fuighleach madaidh ná fuighleach mogaidhe.
Better the leavings of a dog than the leavings of a mocker. [MA]

334 Ceannuig an droch-dhuine, is ní baoghal duit an duine macánta.
Buy the trickster and you need have no fear of the honest man. [OL]

335 Adeir siad go gcanann meisge nó fearg fíor.
Drunkeness and anger, it is said, speak truly. [OL]

HUMILITY AND BOLDNESS

336 Féudaidh an cat amharc air an righ.
A cat may look at the king. [MA]

337 Is maighistreas a luchog air a thigh féin.
The mouse is mistress in her own home. [MA]

338 Is teann gach madadh air a charnan féin.
The dog is bold on his own little heap. [MA]

339 Is teann an madadh gearr a n-áit a m-biann a thathaigh.
The cur is bold in the place where he is well known. [MA]

336 Féudaidh an cat amharc air an righ.

A cat may look at the king. [MA]

340 Cha deachaidh se air sgath an tuir leis.
He did not go behind the bush with him. [MA]

341 Is fálta duine a g-clúid dhuine eile.
A man is shy in another man's corner. [MA]

342 Ghnidh suidhe ísioll goradh árd.
A low seat makes a high warming. [MA]

343 Is minic a fagadh an té bu mhó mheisneach,
a's thainig a deireóil saor.
*Many a time the most confident person has been
left in the lurch when the humble one has got
off safe.* [MA]

344 Beidh nidh ag an sárachan, 'n úair a bhios an
náireachan falamh.
*The pertinacious man will get something when
the shame-faced will go empty.* [MA]

345 Ná biodh do theangaidh fa do chrios.
Do not keep your tongue under your belt. [MA]

HUNGER

346 Gnath ocrach faochmhar.
The hungry man is usually fierce. [B]

347 Maith an t-anlan an t-ocrus.
Hunger is a good sauce. [B]

348 Ní chuimhnigheann an chú ghortach air a
coileáin.
The hungry hound thinks not of her whelps. [B]

349 Is annamh bí tart agus ocras le chéile.
Seldom are hunger and thirst found together. [M]

350 Bíonn fear ocrach feargach.
A hungry man is peevish. [M]

351 Cha líonann beannacht bolg.
A blessing does not fill a belly. [MA]

352 Ní thuigeann an sáthach an seang.
*The satiated man does not understand (the
feelings of) the hungry man.* [MA]

353 Cha chuimhnigheann a fear cíocrach a chú go
m-beidh a bhrú féin lán.
*The hungry man does not remember his hound
till his own belly is full.* [MA]

354 Is maith an t-annlann an t-ocras.
Hunger is a good condiment. [MA]

355 Is fearr leith-bhuilín ná a bheith falamh gan
aran.
*Half a loaf is better than being entirely without
bread.* [MA]

356 Foghnaidh go leór comh maith le féusda.
Enough serves as well as a feast. [MA]

357 Ní thuigeann an sáthach an seang, nuair
bhíonn a bholg féin teann.
The man whose stomach is well filled has little
sympathy with the wants of the hungry. [OL]

INEVITABILITY

358 Cha dual grían gan sgáile.
There is not usually sunshine without shadow.
[MA]

359 An té a m-beidh se 'n chineamhuin a
chrochadh, ni bháithtear go bráth é.
He whose fate it is to be hanged will never be
drowned. [MA]

360 An té a'r 'n-dán dó an donas, is dó féin a
bhaineas.
If a man be doomed to have bad luck it is on
himself (only) it falls. [MA]

361 Fa bhun a chrainn a thuiteas a duilleabhar.
It is at the foot of the tree the leaves fall. [MA]

362 Chan 'uil coill air bith gan a losgadh féin de
chríonlach innti.
There is no forest without as much brushwood as
will burn it. [MA]

363 Trath sguireas an lamh de shileadh, stadaidh
an beal de mholadh.
*When the hand ceases to scatter, the mouth
ceases to praise.* [MA]

364 An uair a bhios a cupán lán, cuiridh se thairis.
When the cup is full it will run over. [MA]

365 An té fhalaigheas, 'sé a gheabas.
He that hides will find. [MA]

366 Is maith an gearran nach m-baineann tuisle
úair éigin dó.
*It is a good horse that does not stumble
sometimes.* [MA]

367 Chun 'uil tuile ó mheud nach d-traoghann.
However great the flood it will ebb. [MA]

368 Is olc a ghaoith nach séilidh go maith do
dhuine éigin.
*It is a bad wind that does not blow well for
somebody.* [MA]

369 Is fada an ród nach m-biann casadh ann.
It is a long road that has no turn in it. [MA]

370 Cha bhiann imirce gan chaill.
There is no removal without loss. [MA]

371 Is éigin do leanabh lamhachan sul ma
siubhalaidh.
A child must creep before he walks. [MA]

372 Ní sheasuigheann rith d'each maith i
     gcomhnuidhe.
     Even a good horse cannot keep running always.
     [OL]

373 Nuair is cruaidh don chailligh, caithfe sí rith.
     *When the old woman is hard pressed she must
     needs run.* [OL]

374 Dá fhaid bhíonn an crúisgín a' dul go nuig an
     uisge, isé chrích a bhrise.
     *However long a pitcher goes to the water, it is
     broken at last.* [OL]

375 Is caora an t-uan i bhfad.
     *A lamb when carried far becomes as burdensome
     as a sheep.* [OL]

KINSHIP AND
HEREDITY

376 An t-uan ag munadh méidleach d'a mháthair.
     The lamb teaching its dam to bleat. [B]

377 Gach dalta mar oiltear.
     Every nursling as he is nursed. [B]

378 Má's ionmhuin liom an chráin is ionmhuin
     liom a h-ál.
     If I like the sow I like her litter. [B]

379 Sgíordann éan as gach ealt.
A bird flies away from every brood. [M]

380 Is fada leanas a' duthchas.
Natural disposition runs a long way. [M]

381 Is lom gualainn gan brathar.
A shoulder without a brother is bare. [M]

382 Is mairg a bhíonn's gan dear'thar.
Woe to him who is brotherless. [M]

383 Sá bhaile tá'n gaol.
It is at home the friendliness is. [M]

384 An t-olc gan mhaith a d-tóin a chóimhigh.
The bad and no good on the back of a stranger.
[MA]

385 Guid é bheitheá brath air chat acht pisín?
What would you expect from a cat but a kitten?
[MA]

386 Is de'n g-cat a t-earbull.
The tail is part of the cat. [MA]

387 An easgainn ag ithe a 'rubaill.
The eel eating her own tail. [MA]

388 Is olc seanadh an éin a thréigeas a h-éunlaith féin.
The bird has little affection that deserts its own brood. [MA]

389 Is tibhe fuil ná uisge.
Blood is thicker than water. [MA]

390 Ma 's dubh, ma 's odhar no donn,
Is d'a meannan féin bheir a habhar a fonn.
Whether it be black, dun or brown,
It is its own kid the goat loves. [MA]

391 An nidh a chi an leanabh, 'sé a ghnidh an
leanabh.
The thing the child sees is what the child does.
[MA]

392 Char bhris cearc na n-éun a sprogaille a ríamh.
A hen with chickens never yet burst her craw.
[MA]

393 Théid gach éun le n' alt fein.
Every bird goes along with its own flock. [MA]

394 Eunlaith an aon eite a n-éinfheacht ag
eitiollaigh.
Birds of one feather flying together. [MA]

395 Is tréise an dúchas ná an oileamhuin.
A hereditary disposition is stronger than
education. [MA]

396 Gach cat a n-déigh a chineáil.
Every cat after its kind. [MA]

397 Briseann an dúchas tre shúilibh a chait.
The natural disposition of a cat bursts out
through her eyes. [MA]

398 Thug se ó dhúchas é, mur thug a mhuc a rútail.
*He got it from nature, as the pig got the rooting
in the ground.* [MA]

399 Guid é dheanadh mac a chait acht luchóg a
ghabháil?
*What would the son of a cat do but catch a
mouse?*

400 Gach eún mur oiltear é, ars' an chuach a' dul
's a neanntáig.
*Every bird as he has been reared, said the
cuckoo, as she went into the nettle.* [MA]

401 Budh dual do laogh an fhiaidh, rith a bheith
aige.
*It is natural for the fawn of a deer to have
fleetness.* [MA]

402 An rud fhásas 's a g-cnáimh, ni féadar a
dhíbirt as a bh-feóil.
*The thing that grows in the bone is hard to
drive out of the flesh.* [MA]

403 Beiridh cearc dhubh ubh bhán.
A black hen lays a white egg. [MA]

404 Chan úaisle mac righ ná a chuid.
The son of a king is not nobler than his food. [MA]

405 Saoileann gach éun gur b'é a chlann féin is
deise air a g-coill.
*Every bird thinks her own young ones the
handsomest in the wood.* [MA]

406 Ná bi 'g 'ul eadar a craiceann 's a crann.
Do not go between the tree and its bark. [MA]

407 Is ionmhuin leis a chat iasg, acht ni h-áill leis
a chrúba fhliuchadh.
*The cat likes fish, but does not like to wet her
paws.* [MA]

408 Geal leis an bhfiach ndubh a gheárrcach féin.
The raven thinks its own chick white. [OL]

409 Cad do dhéanfadh mac an chait acht luch
do mharbhadh?
What would a young cat do but kill a mouse? [OL]

410 Cionnus bheadh an t-ubhaillín acht mar
bheadh an t-abhailín?
How could the apple be but as the apple-tree? [OL]

411 Gach dalta mar oiltear.
A foster-child is as he is brought up. [OL]

412 Treise dúthchas ná oileamhain.
Hereditary instinct is stronger than up-bringing.
[OL]

413 Minic ná deaghaidh bó le bó dhúthchais.
Often a cow does not take after its breed. [OL]

414 Buan fear 'na dhúthaig.
A man lives long in his native place. [OL]

415 Mairg do bhíonn i dtír gan duine aige féin.
*Woe to him who is in a country where there is
none to take his part.* [OL]

407 Is ionmhuin leis a chat iasg, acht ni h-áill
leis a chrúba fhliuchadh.
The cat likes fish, but does not like to wet her paws. [MA]

416 Níor cailleadh fear riamh i measg a chuaine.
A man never fails among his own people. [OL]

417 Is bádhach lucht éinchine.
People of the same stock are friendly. [OL]

418 Is le fear na bó an laogh.
The calf belongs to the owner of the cow. [OR]

419 Beodha gach bráthair fri aroile.
Active is one kinsman against another. [OR]

LAW

420 Is feárr carad 's a g-cúirt 'ná bonn sa sparán.
A friend at court is better than a groat in the pocket. [B]

421 Deireadh gach sean-mhallacht, sean-ghearran bán.
The end of every old curse is an old white horse. [MA]

422 Ní théid dlighe sa bhuille ná buailtear.
A blow that is not struck is not actionable at law. [OL]

LAZINESS

423 Is fuath le Dia an fallsoir.
God hates a lazy man. [M]

424 An té nach n-oibrigheann dó fhéin
oibreóchaidh sé do dhaoinibh eile.
*He who will not work for himself will work for
others.* [M]

425 Is olc an chearc nach sgríobfaidh dí fhéin.
She's a bad hen that will not scrape for herself. [M]

426 Ní tabharfaidh tú scór ba a choidhche do do
ingin.
*You will never give your daughter a score of
cows.* [M]

427 Ta uallach mhic léisge ort.
*You have the burden of the son of laziness on
you.* [MA]

428 Is trom an t-uallach an fhallsachd.
Laziness is a heavy burden. [MA]

429 Ghnidh codladh fada tón lom.
Long sleep makes a bare back. [MA]

LIFE AND LIVING

430 Is feárr a oileamhain 'na a thogbháil.
His living is better than his education. [B]

431 Más maith leat a bheith buan caith fuar agus
teith.
If you wish to live old, make use of hot and cold.
[B]

432 Más maith leat a bheith buan caith uait agus
teith.
If you wish to live long, fling off and flee. [B]

433 Ni'l 'sa t-saoghal so acht ceo.
This life is but a vapour. [B]

434 Ní beatha go dul air neamh.
No life till going up to heaven. [B]

435 Is milis an rud an t-anam.
Life is sweet. [OL]

LOVE

436 Fearg a's fuath namhuid un deagh-ghráidh.
Anger and hatred are the enemies of true love. [B]

437 Is dall an grádh baoth.
Self-love is blind. [B]

438 Chan fheil liaigh no léigheas ar a' ghrádh.
There is no physician or cure for love. [M]

439 Is doiligh fhághail ó gheasaibh a' ghrádha.
It is hard to escape from the bonds of love. [M]

440 Fuarann gradh go grod.
Love cools quickly. [MA]

441 Falaigheann gradh gráin, agus chi fúath a lán.
Love conceals ugliness, and hate sees many faults.
[MA]

442 Ceileann searc ainimh is locht.
Love hides blemishes and faults. [OL]

443 Bíonn an grádh caoch.
Love is blind. [OL]

444 Ní breitheamh comhthrom an grádh.
Love is not an impartial judge. [OL]

445 Ní dheaghaidh fear meata chun baintighearnan.
Faint heart never won fair lady. [OL]

446 I ndiaidh an tsochair do bhíonn an grádh.
Love pursues profit. [OL]

447 Mo ghrádh thu, a rid agat.
I love you — what you have! [OL]

448 Iomad don aithne méaduigheann sé
an tarcuisne.
Too much familiarity breeds contempt. [OL]

449 Is airdhenu sercci sírshilliuth.
Constant gazing betokens love. [OR]

MANNERS

450 Cha mhilleann deagh-ghlór fíacal.
A sweet voice does not injure the teeth. [MA]

451 Chan fhaghann fear mogaidh modh.
A mocker is never respected. [MA]

452 Cúairt go h-anamh go tigh do charaid, a's
fanach gearr goirid ann.
*Pay visits to your friend's house seldom and stay
but a short time there.* [MA]

453 Thig se gan iarraidh mur thig a dó-aimsir.
He comes like the bad weather, uninvited. [MA]

454 Ná cuir do chorran a ngort gan iarraidh.
*Do not bring your reaping-hook to a field
without being asked.* [MA]

455 Fearr béasa ná breághthacht.
Better good manners than good looks. [OL]

MARRIAGE

456 Mairg d'ar b' céile baothán borb.
*It is sad for the person whose partner is a
haughty varlet.* [B]

457 Pós bean oileann is pósfaidh tú an t-oileann
uilig.
*Marry an island woman and you marry the
whole island.* [M]

458 Pós bean as gleann is pósfaidh tú an gleann
uilig.
*Marry a woman out of the glen and you marry
the whole glen.* [M]

459 Losg si a gual a's cha dearna si a goradh.
She burnt her coal and did not warm herself. [MA]

460 Is teóide do'n m-brat a dhúbladh.
A blanket is the warmer for being doubled. [MA]

461 Fál fa'n meur 's gan ribe fa'n tóin.
A ring on the finger and not a stitch of clothes on the back. [MA]

462 Mairg ná deineann cómhairle deaghmhná.
Woe to him who does not have the counsel of a good wife. [OL]

MEANNESS

463 Is gnáth sanntach á riachtanas.
The covetous man is always in want. [B]

464 Is mairg a bhidheann go h-olc 's a bheith go bocht na dhiaigh.
It is a poor thing to be stingy, and to feel troubled after the little that is given. [B]

465 Ní fhághann lámh iadhta acht dorn dúnta.
A closed hand gets only a shut fist. [B]

466 Saint bun gach uile.
Avarice is the foundation of every evil. [B]

467 Féile dartacháin.
A niggard's generosity. [B]

468 An té is mó fhosglas a bhéul, sé is lugha
     fhosglas a sporán.
     *The man that opens his mouth the most, opens
     his heart the least.* [MA]

469 Bíann a donas a m-bun na stiocaireacht.
     Bad luck attends stinginess. [MA]

470 Béul eidhnáin, a's croidhe cuilinn.
     A mouth of ivy and a heart of holly. [MA]

471 Ní bhfaghann dorn dúnta ach lámh iadhta.
     A shut fist gets only a closed hand. [OL]

472 Iongnadh fear aitheanta na locht do bheith go
     holc uim an mbia.
     *'Tis strange that one who is so quick at
     discovering faults should himself be so stingy
     about food.* [OL]

473 Ar eagla na heasba is maith bheith
     coimeádtach, acht ní abraim leat bheith
     leamh ná spadánta.
     *It is a good thing to be economical in order to
     guard against want; but I do not recommend
     you to be mean or niggardly.* [OL]

NECESSITY

474 Ní bh-fuil dlíghe aig riachtanas.
     Necessity has no law. [B]

475 Brosnuigheann airc intleacht.
Necessity urges invention. [MA]

476 Ní théid dlighe ar an riachtanas.
Necessity knows no law. [OL]

477 Riachtanas máthair na géir-intleachta.
Necessity is the mother of invention. [OL]

478 Is dénta áil d'égin.
A virtue must be made of necessity. [OR]

NOBILITY AND ROYALTY

479 Déan suas leis an uaisleacht a's déan cuman
léithe, acht air do chluas na bhí fuar le do
dhuine bocht féin.
*Associate with the nobility, and be in favour
with them; but on no account be cold with your
own poor people.* [B]

480 Ní leun go díth tighearna.
No misery like the want of a lord. [B]

481 Ní uaisleacht gan subhailce.
No nobility without virtue. [B]

482 Ní file go flaith.
No poet till a prince. [B]

483 Ní uabhar uaisleacht.
Nobility is no pride. [B]

484 Rioghacht gan duadh, ní dual go bh-fagthar.
A kingdom is not usually got without trouble.
Without pains, without gains. [B]

485 Umhlacht d' uaisleacht.
Obedience (is due) to nobleness. [B]

486 Uaisleacht gan subhailce.
(No) nobility without virtue. [B]

487 Righ mifhoghlamtha is asal corónta.
An illiterate king is a crowned ass. [B]

488 Ní faghthar saoi gan locht.
Not (even) a nobleman is to be found without a
fault. [MA]

489 Uaisle éisteas le healadhain.
It is a sign of nobility to listen to art. [OL]

490 Is sleamhuin leac dorus tigh móir.
The door-step of a great house is slippery.
[MA]

491 Is rí cech slán.
A sound man is a king. [OR]

492 Is treise flaith fiora.
A prince is mightier than men. [OR]

493 Dlighidh ollamh urraim ríogh.
A king should honour a man of letters. [OR]

487 Rígh mífhoghlamtha is asal corónta.

An illiterate king is a crowned ass. [B]

OBLIGATIONS

494 Maith air shean n-duine, maith air án-nduine,
agus maith air leanabh, trí neithe a théid a
mógha.
*A good thing done for an old man, for an ill-
natured man, or for a child, are three good
things thrown away.* [MA]

495 Fearr sean-fhiacha ná sean-fhala.
Better old debts than old grudges. [OL]

496 Mairg chailleas a gheasa.
Woe to him who fails in his obligations. [OL]

497 Ná bris do gheasa.
Break not your vows. [OL]

OPPORTUNISM

498 As na síor-thathaigh thig na cathaighe.
From frequent opportunities come temptations.
[MA]

499 Trath 'ghoireas a chuach air a sgeathach lom,
diol do bhó a's ceannaigh arbhar.
*When the cuckoo cries on the bare thorn bush,
sell your cow and buy corn.* [MA]

500 An lonn dubh a sheineas go binn 's na
Faoilligh, gulaidh se go cruaidh 's a Mart.
*The black-bird that sings sweetly in February
will lament bitterly in March.* [MA]

501 Chaithfeadh an té gheabhas súas leis eirigh go
móch.
The man who will overtake him must rise early.
[MA]

502 Sábháil an fóghmhar faid do bheidh an ghrian
suas.
Make hay while the sun shines. [OL]

503 Glac an mhuc ar chois nuair gheóbhair.
Catch the pig by the leg when you can. [OL]

504 Tóg an liathróid ar a' gcéad hop.
Take the ball at the hop. [OL]

505 Uain nó taoide ní fhanaid le haonduine.
Time and tide wait for no man. [OL]

506 Ní fhanann tráigh le fear mall.
The ebb-tide waits not for a dilatory man. [OL]

507 Ní fhanann muir le fear ualaigh.
The sea does not wait for a man with a load.
[OL]

508 Fuiris fuine i n-aice mhine.
It is easy to knead when meal is at hand. [OL]

502 Sábháil an fóghmhar faid do bheidh an ghrian
   suas.

   Make hay while the sun shines. [OL]

PATIENCE

509 Foighid leigheas seanghalair.
Patience is the cure for an old complaint. [B]

510 Gheobhaidh foighid a furtacht.
Patience will get its comfort. [M]

511 Ná mol a's ná di-mol goirt No go d-ti go
rachaidh an mhi mheodhan thart.
*Neither praise nor dispraise growing crops till
the month of June is over.* [MA]

512 Char uaith na madaidh deireadh na bliadhna
go fóill.
*The dogs have not eaten up the end of the year
yet.* [MA]

513 Is subhailce an fhoighid nach d-tugann náire.
Patience is a virtue that causes no shame. [MA]

514 Buadhann an fhoighde ar an gcinneamhain.
Patience conquers destiny. [OL]

515 Is ceirín do gach lot an fhoighde.
Patience is a plaster for every wound. [OL]

516 Is ceirín do gach uile chréacht an fhoighde.
Patience is a plaster for all sores. [OL]

517 Anaidh fear sona le séan.
The lucky man waits for prosperity. [OR]

518 Is fada le fear furnaidhe.
     One who is waiting thinks the time long. [OR]

PEACE

519 Níor chuaidh fear an eidirsgán as.
     The peace-maker never lost. [B]

520 Níor cheannuig éinne riamh an tsíocháin ach
     an té ná fuair í.
     *No one has ever bought peace save the man who
     has not got it.* [OL]

521 Is ferr síth sochocad.
     Peace is better than (even) easy warfare. [OR]

PERCEPTION

522 Air lí ní breith fear gan súilibh.
     A man without eyes is no judge of colour. [B]

523 Aithnigheann mórbhacht modhamhlacht.
     Greatness knows gentleness. [B]

524 An dubh gné ní h-aithruighthear é.
     The black hue is not changed. [B]

525 Dall air lí ní breitheamh fíor.
     A blind man is not a true judge of colours. [B]

526 Fearr dá shúil 'ná aon t-súil.
Two eyes are better than one. [B]

527 Olc síon nach maith d'aon.
Bad blast that is not good to (some) one. [B]

528 Ocht n-amharc ocht g-cuimhne.
Eight views, eight recollections. [B]

529 Tóirigheacht a ghadhair a's gan fios a dhath.
Looking for one's hound without knowing its colour. [B]

530 Uisge a d'iomchur a g-criathur.
To carry water in a sieve. [B]

531 Athruighthear gné na h-aimsire.
The appearance of the times is changed. [B]

532 Tá sé comh mín le crúbh cait.
He is as gentle as the claws of a cat. [M]

533 Té is deise do theach a' phobaill
Té is maille do'n aifrionn.
He who is nearest the chapel is the latest at Mass. [M]

534 Cha bhfaghthar uisge coistreacha i dteampall Gallda.
Holy water is not found in a Protestant church. [M]

535 Dá mhéad an lán mara tráigheann sé.
However high the tide it ebbs away. [M]

536 Glac an saoghal mar thig sé leat.
Take the world as it comes. [M]

537 Tá misneach an bhru'deargain aige.
He has the courage of the robin. [M]

538 Sin spanóg i mbéal fir eile.
That's a spoon in another man's mouth. [M]

539 An rud nach éigin aoibhinn.
*The thing that is not a necessity is pleasant (to
do).* [M]

540 Má's fuar an teachtaire, Is fuar an freagra.
If the messenger is cold, The answer is cold. [M]

541 Is suai'neach béal druidthe.
A shut mouth is peaceful. [M]

542 Is fusa tuitim ná éirigh.
Falling is easier than rising. [MA]

543 Leigeann gach duine uallach air a ngearran
éasgaidh.
Every one lays a burden on the willing horse.
[MA]

544 Maireann an chraobh air a bh-fál, a's cha
mhaireann an lamh a chuir i.
*The tree in the hedge remains, but not so the
hand that planted it.* [MA]

545 Is de 'n imirt mhaith a choimhead.
Watching is part of good play. [MA]

537 Tá misneach an bhru'deargain aige.

He has the courage of the robin. [M]

546 'S é an gaduidhe is mó is fearr a gnidh
crochadair.
*It is the greatest thief that makes the best
hangman.* [MA]

547 Is olc a breitheamh air dhathaibh dall.
A blind man is a bad judge of colours. [MA]

548 An t-sóid is dó-fhaghala, 'sé is áille.
*The jewel that is hardest to be got is the most
beautiful.* [MA]

549 An nidh is anamh, is é is iongantaighe.
The thing that is scarce is the most wonderful.
[MA]

550 An té 'bhios buaidheartha, biann se
bogadaigh, 'S an té 'bhios aedharach, biann se
'mogadh air.
*The man who is troubled sits rocking himself,
While the man who is cheerful makes game of
him.* [MA]

551 Ta dhá chionn a teud a's cead a tharruing aige.
*He has got the two ends of the rope and leave to
pull.* [MA]

552 Is iomadh gléus ceóil a bhíos ann, ars' an fear
a robh a trumpa maide aige.
*There's many a sort of musical instrument, said
the man who had the wooden trump.* [MA]

553 Ní lia tir ná gnathas.
There are not more countries than there are
customs. [MA]

554 Geinn d' í féin a sgoilteas a darach.
It is a wedge made from itself that splits the oak-
tree. [MA]

555 Tá fuasgladh gach ceisde innti féin.
The explanation of every riddle is contained in
itself. [MA]

556 Ni'l ó mheud a teachdaire nach móide
na gnothuighe.
The greater the messenger the more important
the affair. [MA]

557 Iobrán bog braonach a bheir boinne bá a's age
caoraigh.
A soft dropping April brings milk to cows and
sheep. [MA]

558 Chan mur shaoiltear a chriochn'ar.
Things do not end as we expect. [MA]

559 'Sé an t-éadach a ghni an duine
The clothes make the man. [MA]

560 Suairc an taobh a muigh agus duairc an taobh
a stigh.
Civil outside and churlish inside. [MA]

561 Is minic grána greannmhar, a's éadan deas
air mhísteáir.
Often an ugly person is agreeable, and a
mischievous one has a handsome face. [MA]

562 Ma's olc a dath, is maith a dreach.
Though the complexion is bad, the countenance
is good. [MA]

563 Cha chluinnean se an nidh nach binn leis.
He does not hear what is not pleasing to him.
[MA]

564 Is anamh bhios teangaidh mhilis gan gath ann
a bun.
A sweet tongue is seldom without a sting at its
root. [MA]

565 Biann borb faoi sgéimh.
A violent disposition may be under a beautiful
form. [MA]

566 Biann cluanaidhe a n-deagh-chulaidh.
A deceiver may be dressed in fine clothes. [MA]

567 Cionn éireóige air shean-cheirc.
A pullet's head on an old hen. [MA]

568 Is binn gach éun ann a dhoire féin.
Every bird is melodious in his own grove. [MA]

569 Bíann adharca móra air bhá a bh-fad ó bhaile.
Cows far from home have long horns. [MA]

570 Is glas na cnuic a bh-fad uainn.
Distant hills appear green. [MA]

571 Cruthughadh na putóige a h-ithe.
The proof of a pudding is the eating of it. [MA]

572 Is mall gach cos air chasan gan eólus.
On an unknown path every foot is slow. [MA]

573 Moladh gach duine an t-ath mur gheabhaidh
se é.
Let every man praise the ford as he finds it.
[MA]

574 Mór-thaidhbhseach iad adharca na mbó tar
lear.
Far-off cows have long horns. [OL]

575 Is glas iad na cnuic i bhfad uainn.
Distant hills are green. [OL]

576 Ceileann súil an ní ná faiceann.
The eye hides what it does not see. [OL]

577 I n-ithe na potóige bhíonn a tástáil.
The proof of the pudding lies in the eating of it.
[OL]

578 Bíonn cluasa ar na clathacha.
Fences have ears. [OL]

579 Ná leig do rún le cloidhe.
Tell your secret not even to a fence. [OL]

580 Tuigeann fear léighinn leathfhocal.
A man of learning understands half a word. [OL]

581 Ní beag nod don eolach.
A contraction is sufficient for a scholar. [OL]

582 Dealg láibe nó focal amadáin.
A fool's remark is like a thorn concealed in mud.
[OL]

POLLUTION

583 Ma ghradhann tu an t-aoileach, ni fhaic tu
dúragan ann.
If you are fond of dung you see no motes in it.
[MA]

584 Is leithide an bualtach satail ann.
Trampling on dung only spreads it the more. [OL]

POVERTY AND RICHES

585 Bidheann rath air an t-sruimhleacht.
There is prosperity attending slovenliness. [B]

586 Is coim cabán do bhoicht.
A hut is a palace to a poor man. [B]

587 Ní náire an bhochtannacht.
Poverty is no shame. [B]

588 Sáruigheann eagnacht gach saidhbhreas.
Wisdom excels all riches. [B]

589 Bídh cluid fheascair ag an t-saithraidhe.
The man of plenty has a quiet homestead. [B]

590 Is bocht a' rud fear fiúntach folamh.
It is a sad thing (to see) a decent man poor. [M]

591 An té a bhfuil uisge is móin aige
Tá an saoghal 'na shuidhe ar an tóin aige.
He who has water and turf (in his own land)
has the world sitting square. [M]

592 Ní chlaoidhtear fear na h-éadála.
The man of means is not conquered. [M]

593 Ní thuirstear fear na h-éadála.
The man of means is not wearied. [M]

594 An bocht fá'n chladach agus an sardhbhir fá
mhintibh.
The poor man for the gutter and the rich man
for the fine path or roadway. [M]

595 Milleann a bhoichtineacht a choingeall.
Poverty destroys punctuality. [MA]

596 Chan'uil aige acht o'n láimh go d-ti an beul.
He has nothing but from hand to mouth. [MA]

597 Is iomad sift a dheanas duine bocht sul a
sgabadh se tigh.
*Many a shift the poor man makes before he will
give up his house.* [MA]

598 Is baile bocht, baile gan toit gan teine.
*It is a poor village that has neither smoke nor
fire.* [MA]

599 Millidh an ainnis an t-iasacht.
Poverty spoils borrowing. [MA]

600 Cha seasann sac falamh.
An empty sack does not stand upright. [MA]

601 Ni baoghal do'n m-bacach an gaduidhe.
The beggar is in no danger from the robber. [MA]

602 Ní fiú an sógh an té nach bh-fulaingidh an-
ndóigh tamull.
*He that will not bear adversity for a while does
not deserve prosperity.* [MA]

603 Nachar leór do dhuine dhona a
dhichioll a dheanamh?
Is it not enough for a poor man to do his best?
[MA]

604 Is farsuing béul a bhothain.
Wide is the door of a little cottage. [MA]

605 Is ait leis na daoine dealbha an bhláthach.
Needy folks are pleased with buttermilk. [OL]

606 Más le bheith ceirteach dhuit, bí
cruinnecheirteach.
If you must be in rags, let your rags be tidy. [OL]

607 An té ná faghann an fheóil is mór an sógh
leis an t-anairthe.
*He who does not get meat thinks soup a great
luxury.* [OL]

608 Gach bocht le muir is gach saidhbhir le
sliabh.
Poor men take to the sea, rich to the mountains.
[OL]

609 Baodhach le gach bocht a bhfaghann.
A poor man is pleased with whatever he gets.
[OL]

610 Uireasba ní cumha.
Want makes sadness. [OL]

611 Bochtaineacht níos cumha.
There is no woe to want. [OL]

PROCRASTINATION

612 Ná cuir do ghnothuighe ó 'n-diugh
go d-ti a máireach.
*Do not put off your business from today till
tomorrow.* [MA]

613 Is éasgaidhe neóin ná maidin.
       Evening is more active than morning. [MA]

614 Deineann gach moch a ghnó.
       An early riser gets through his business. [OL]

615 Eusga neóin ná maidean.
       Evening is speedier than morning. [OL]

616 Bíonn an fear deireanach díoghbhálach.
       A late man brings trouble on himself. [OL]

617 Deineann codla fada tóin leis ag duine.
       Long sleep makes a bare breech. [OL]

618 Ná cuir an mhaith ar cáirde.
       Postpone not a good action. [OL]

619 Bíonn an aithrighe mhall contabh arthach.
       To defer repentance is dangerous. [OL]

PROFIT

620 Goid ó ghaduidhe, faghail a n-asgaidh.
       To steal from a thief is to get for nothing. [MA]

621 Cha n-diolaidh si a cearc a riamh 'sa lá fhliuch.
       She never sells her hen on a wet day. [MA]

622 Ní théid cómhar na gcómharsan le chéile.
       *Mutual help in farming does not always
       coincide.* [OL]

623 Ní cortar fear na héadála.
     The money-maker is never tired. [OL]

624 Minic chaith duine sprot amach chun breith
     are cholamóir.
     Often has a man cast a sprat to catch a hake.
     [OL]

PROPERTY

625 Sin a chloch a n-áit na h-uibhe.
     That is the stone in place of the egg. [MA]

626 Sin a sóp a n-áit na sguaibe.
     That is the wisp in place of the besom. [MA]

627 Tá do chuid 's do bhuidheachas agad.
     You have both your property and your thanks.
     [MA]

628 Ná fag fuighleach táilleair do dhéigh.
     Do not leave a tailor's remnant after you. [MA]

629 Is fearr suidhe ann 'aice ná suidhe ann 'áit.
     It is better to sit beside it than in its place. [MA]

630 Bíodh rud agat féin, nó bí in éamuis.
     Have a thing yourself, or else do without it. [OL]

624 Minic chaith duine sprot amach chun breith
    are cholamóir.
    Often has a man cast a sprat to catch a hake.
    [OL]

PROVERBS

631 Ma thréigear a sean-fhocal, ní bhréugn'ar é.
*Though the old proverb may be given up, it is
not the less true.* [MA]

632 Ní sáruighthear na seanfhocail.
Proverbs cannot be contradicted. [OL]

RECONCILIATION

633 Ní dheaghaidh rogha ó réiteach.
Nothing is preferable to reconciliation. [OL]

SENSE

634 Cionn mór air bheagan céille.
Big head and little sense. [MA]

635 Cha robh se air faghail, 'n úair a bhi an chiall
da roinn.
*He was not forthcoming when sense was
distributed.* [MA]

636 Is beag a ghaoith nach ngluaisidh guaigín.
*It is a little wind that will not move a giddy-
headed person.* [MA]

637 Is mian le h-amadan imirce.
A fool is fond of removing. [MA]

638 Tá níos mó ná míola ann a cheann.
He has more than lice in his head. [MA]

639 Tá fíos aige ca mheúd gráinne pónair a
ghnidh cúig.
He knows how many beans make five. [MA]

640 Is trom an t-uallach aineólas.
Ignorance is a heavy burden. [MA]

641 Is fearr an chiall cheannaighthe ná a faghail
a n-asgaidh.
*Sense that is bought is better than what is got
for nothing.* [MA]

642 'Si an chiall cheannaighthe is fearr.
Bought sense is the best. [MA]

643 Ní thigeann ciall roimh aois.
Good sense only comes with age. [OL]

644 Deacair geirrfhiadh chur as a' dtor ná beidh
sé.
*It is hard to drive a hare out of a bush in which
he is not.* [OL]

645 Ní buintear fuil as tornap.
One cannot draw blood from a turnip. [OL]

SILENCE

646 Air teacht na bh-focal borb is binn beul
iadta.
*When wrathful words arise a closed mouth is
soothing.* [B]

647 Is binn é beul nna thosd.
A silent mouth is melodious. [B]

648 Ná bídheadh do ghíomh ó do theangain.
Let not thy act be from thy tongue. [B]

649 Is furas beagan cainte a leasughadh.
It is easy to mend little talk. [MA]

650 Is binn beul 'n thosd.
A silent mouth sounds sweetly. [MA]

651 Deineann ceann ciallmhar béal iadhta.
A wise head makes a closed mouth. [OL]

652 Binn béal 'na chomhnuidhe.
The mouth that speaks not is sweet to hear.
[OL]

SPEECH

653 Leigheas gach brón comhrádh.
Conversation is a cure for every sorrow. [B]

654 Ní fhanann seal mara rabhartha le comhrádh
ban.
*A spring tide does not wait for women's
conversation.* [M]

655 Dheanfá sgéal do chlochaibh trágha.
*You would make a story out of the stones of the
strand.* [M]

656 Is maith sgéul go d-tig sgéul eile.
One story is good till another comes. [MA]

657 Tracht air a diabhal, agus taisbeanaidh se é
féin.
Talk about the devil, and he will show himself.
[MA]

658 Beagán agus a rádh go maith.
Say but little and say it well. [OL]

659 Is gnáthach an rud is giorra don chridhe gurb
é is giorra don bhéal.
*What is nearest the heart is, as a rule, nearest
the lips.* [OL]

660 Níor bhris deaghfhocal béal éinne riamh.
A kind word never broke anyone's mouth. [OL]

661 Gé ná bíonn aon chnámh sa teangain, is
minic do bhris sí ceann duine.
*Though there is no bone in the tongue, it has
often broken a person's head.* [OL]

657 Tracht air a diabhal, agus taisbeanaidh se é féin.

Talk about the devil, and he will show himself.

[MA]

TRUST AND TREACHERY

662 Bidh cluanaidhe a n-deágh-chulaidh.
     A deceiver is often in a fine dress. [B]

663 Bidh boirbeacht ann geal gáire.
     There is anger in an open laugh. [B]

664 Is treise gliocas 'ná neart.
     Cunning is superior to strength. [B]

665 Ní h-olc aon bheart go m-budh feall.
     No action is malicious but treachery. [B]

666 Rúnaidhe cealgach.
     A deceitful secret-searcher. [B]

667 Seachain cluanaidhe a's cealgaire.
     Shun a prying thief and a deceiver. [B]

668 Sionnach a g-croicean an uain.
     The fox in lamb's clothing. [B]

669 Is olc an margadh a bhriseas beirt.
     It is a bad bargain that breaks two. [M]

670 Ná tabhair taobh le fear fala.
     Trust not a spiteful man. [OL]

671 Mairg 'na mbíonn fear a bhraite 'na
     chuibhreann.
     Woe to him whose betrayer sits at his table. [OL]

672 Cheithre nithe nách tugtha d'Éireannach
ionntaoibh leó, .i. adharc bhó, crúb chapaill,
dranna madra agus gáire Sagsanaigh.
*Four things which an Irishman ought not to
trust, — a cow's horn, a horse's hoof, a dog's
snarl and an Englishman's laugh.* [OL]

673 Trí nithe nách iontaoibh, — lá breágh insa
gheimhre, saoghal duine chríonna, nó focal
duine mhóir gan sgríbhinn.
*Three things that are not to be trusted, — a fine
day in winter, the life of an aged person, and the
word of a man of importance unless it is in
writing.* [OL]

TRUTH AND FALSEHOOD

674 Beathadh an staraidhe fírinne.
Truth is the historian's food. [B]

675 Imigheann an breug agus fanann an fhirine.
The lie passes away — truth remains. [B]

676 Is searbh an fhirinne, acht is milis an bhreug
air uairibh.
Truth is bitter, but a lie is savoury at times. [B]

677 Ní mhaireann na bréaga acht tamall.
Lies only run a short course. [M]

678 Má's bréag uaim í, Is bréag chugam í.
If it is a lie as I tell it, It is a lie as I got it. [M]

679 An nidh a deir gach uile dhuine, caithidh se
bheith fíor.
The thing that everybody says must be true. [MA]

680 Is fearrde a dhearcas bréug fiadhnuise.
A lie looks the better of having a witness. [MA]

681 Meallan a fear bréugach a fear sanntach.
The liar deceives the greedy man. [MA]

682 Ni fiú sgéul gan ughdar éisdeachd.
*A story without an author is not worth listening
to.* [MA]

683 Mhionnochadh se poll thríd chlár.
He would swear a hole through a plank. [MA]

684 Bíann a fhirínne searbh go minic.
Truth is often bitter. [MA]

685 Minic gur sia théid an bhréag ná an fhírinne.
Falsehood often goes farther than truth. [OL]

686 Bíonn an fhírinne féin searbh.
Even truth may be bitter. [OL]

687 Mór í an fhirinne, agus buaidhfe sí.
Truth is great and will prevail. [OL]

688 Ní hionmhuin le Dia an béal bréagach.
God loves not a lying tongue. [OL]

VALUE

689 An t-seód do-fhághala 's í is áilne.
The rare jewel is the most beautiful. [B]

690 Bidheann blas air ann m-beagán.
The smaller the sweeter. [B]

691 Ceannuigh droch rud a's beidhir gan aon rud.
Buy a bad article and you will be without
anything. [B]

692 Is feárr an mhaith atá 'na an mhaith a bhí.
The good that is is better than the good that
was. [B]

693 Is feárr greim de chuinín 'na dhá ghreim de
chat.
One morsel of a rabbit is better than two of a
cat. [B]

694 Fearr mada beo na leon marbh.
A living dog is better than a dead lion. [B]

695 Féadaim ór do cheannach go daor.
I can buy gold at a great price. [B]

696 Is fearr greim de choinin ná dhá ghreim de
chat.
One bit of rabbit is worth two bits of a cat. [MA]

697 Olc an chú nách fiú í fead do leigean uirthi.
It is an ill dog that is not worth whistling. [OL]

698 Minic bhí cú mhall subháilceach.
A slow-footed hound often has good qualities.
[OL]

699 Is minic bhí braimín gioblach 'na ghillín
chumasach.
*Often has a tattered colt grown to be a splendid
horse.* [OL]

WATER

700 'Sé an t-uisge is éadomhuine is mo tormán.
*It is the shallowest water that makes the greatest
noise.* [MA]

701 Gach duine a' tarruing uisge air a mhuileann
féin.
Every man drawing water to his own mill. [MA]

702 Ard fuaim na n-uisgí éadtroma.
Shallow waters make a great noise. [OL]

703 Rithid uisgí doimhnne ciúin.
Still waters run deep. [OL]

WEALTH

704 Feárr clú 'na conách.
Character is better than wealth. [B]

705 Gnidheann ciste cathrannacht.
Wealth creates friendship. [B]

706 Gnidheann saidhbhir réir a aonta.
A rich man acts according to his wish. [B]

707 Gnidh sparan trom croidhe éadtrom.
A heavy purse makes a light heart. [MA]

708 Ní gnáth fear náireach éadálach.
A shamefaced man seldom acquires wealth. [OL]

WIVES AND WOMEN

709 Go sgaraidh an lacha le linn do snamh;
Go sgarraidh an eala le n-a cluimh báin,
Go sgarraidh an madra le creideamh na g-cnam,
Ni sgarfaidh an gangaid le intin mna.
Till the duck cease on the lake to swim,
Till the swan's down assume a darkish hue,
Till the canine race cease to snatch and fight,
Woman's mind shall not lack guile. [B]

710 Fuar cuman caillíghe.
Cold is an old woman's affection. [B]

711 Gach nidh daor mian gach mnaoi.
Every thing dear is a woman's fancy. [B]

712 Is mairg aig a m-bidheann bean mi-
thairbheach borb.
It is a source of regret to have an unthrifty,
disdainful wife. [B]

713 Ní'l nídh níos géire 'na teanga mná.
There is nothing sharper than a woman's tongue.
[B]

714 Triur gan riaghal — bean, múile agus muc.
Three without rule — a woman, a mule and a pig. [B]

715 Fiadhnaise a' ghiolla bhréagaigh a bhean.
The lying man's witness is his wife. [M]

716 Fóiridh fear odhar do bhean ríabhach.
A sallow man suits a swarthy woman. [MA]

717 An áit m-biann mna biann caint, a's an áit a m-biann géidh biann callán.
Wherever there are women there is talking; and wherever there are geese there is cackling. [MA]

718 Is foisge do bhean leithsgeal ná bráiscin.
A woman has an excuse readier than an apron. [MA]

719 Chan 'uil ach pleiseám dram a thabhairt do chailligh.
It is nothing but folly to treat an old woman to a dram. [MA]

720 Glacann droch-bhean comhairle gach fir acht a fir féin.
A bad wife takes advice from every man but her own husband. [MA]

714 Triur gan riaghal — bean, múile agus muc.
Three without rule — a woman, a mule and a
pig. [B]

721 Is olc a bhean tigh, inghean na caillighe
éasgaidh.
The daughter of an active old woman makes a
bad house-keeper. [MA]

722 Ná gabh bean gan locht.
Never take a wife who has no fault. [MA]

723 Ceannsuigheann gach uile fhear droch-bhean
acht a fear féin.
Every man can control a bad wife but her own
husband. [MA]

724 Deacair taobh thabhairt leis na mná.
It is difficult to trust women. [OL]

725 Trí éirghe is measa do-ní duine, .i. éirghe ó
aifreann gan críochnú, éirghe ó bhia gan altú,
agus éirghe ó n-a mhnaoi féin go nuig á
hatharú.
The three worst flittings — leaving Mass before
it is finished, leaving table without saying grace
and leaving one's own wife to go to another
woman. [OL]

726 Tá trí saghas ban ann, — bean chomh
mí-náireach leis an muic, bean chomh
crostáltha leis a gcirc, agus bean chomh
mín leis an uan.
There are three kinds of women, — the woman
as shameless as a pig, the woman as unruly as a
hen, and the woman as gentle as a lamb. [OL]

727 Na trí ruda is deacra do thuigsint san
domhan, — inntleacht na mban, obair na
mbeach, teacht is imtheacht na taoide.
The three most incomprehensible things in the
world — the mind of woman, the labour of the
bees, the ebb and flow of the tide. [OL]

728 Trí shaghas fear go dteipeann ortha bean do
thuisgint, — fir óga, fir aosda, agus fir
mheadhon-aosda.
Three kinds of men who fail to understand
woman, — young men, old men and middle-
aged men. [OL]

729 Na trí nithe is measa i dtig, — báirseach mná,
simné deataig agus an díon a bheith ag leigean
tríd.
The three worst things in a house, — a scolding
wife, a smoky chimney and a leaky roof. [OL]

730 Trí nithe nách buan, — bó bhán, bean
bhreágh, tigh ar árd.
Three things that are not lasting — a white cow,
a handsome woman, a house on a height. [OL]

731 Trí nithe ná tagann meirg ortha, — teanga
mná, cruite capaill búisteura, airgead lucht
carthannachta.
Three things that never rust — a woman's
tongue, the shoes of a butcher's horse, charitable
folk's money. [OL]

732 Trí nithe chómh maith le nithe níos feárr ná
   iad, — claidheamh adhmaid ag fear meathta,
   bean ghránna ag dall, droch-éadach ag fear ar
   meisge.
   Three things that serve as well as things that are
   better — a wooden sword in the hands of a
   coward, an ugly wife married to a blind man,
   and poor clothes on a drunken man. [OL]

YOUTH AND AGE

733 Leanbh loisgthe fuathuigheann teine.
   A burned child dreads the fire. [B]

734 Is fada cuimhne sean leanbh.
   An old child has a long memory. [M]

735 Is furus cleacht a thabhairt do sean-leanbh.
   It is easy to teach an old child. [M]

736 Ná codail oidhche sa toigh a bhfuil sean
   duine pósta ar mhnaoi óig.
   Never sleep a night in a house where an old
   man is married to a young woman. [M]

737 Cha robh se go maith, o rinne slat cóta dó.
   He was never good since the time that a yard (of
   cloth) made a coat for him. [MA]

738 Is búaine an buinneán maoith ná crann
bromanta.
The soft twig is more durable than the stubborn
tree. [MA]

739 An úair a ghlaodhas a sean choileach,
foghlumaidh an t-óg.
When the old cock crows, the young one learns.
[MA]

740 Cha ghabhar sean-éun le cábh.
An old bird is not caught with chaff. [MA]

INDEX

(The numbers refer to the individual proverbs.)